LA SCIENCE

DES

GOUVERNEMENS,

DÉDIÉE

A MESSIEURS LES DÉPUTÉS

DE LA NATION FRANÇAISE.

LA SCIENCE

DES

GOUVERNEMENS,

DÉDIÉE

A MESSIEURS LES DÉPUTÉS

DE LA NATION FRANÇAISE.

BEAUVAIS, IMPRIMERIE DE MOISAND.

AVRIL. — 1831.

DISCOURS PRÉLIMINAIRE,

OU

PRÉCIS DE CE TRAITÉ.

Il faut, pour proposer la science des gouvernemens, s'être figuré que nous ne la possédons pas : telle est ma pensée, et j'en appelle à cet égard, pour ma conviction particulière, aux plaintes de toute la population commerciale, et à cette facilité avec laquelle quelques malveillans agitent une foule d'ouvriers désœuvrés. L'art de gouverner est celui de satisfaire le premier besoin des peuples, c'est-à-dire celui de *faciliter continuellement les relations nécessaires entre tous les sujets d'une nation, pour les mettre sans cesse à même de s'échanger les choses qui leur sont indispensables.* Cette activité dans nos rapports n'existe plus, puisque toutes les productions n'ont plus de cours raisonnable, et que du trop que j'ai créé je ne sais plus trouver le moindre argent pour me procurer ce qui me manque.

Lorsque j'embrasse cette question de la nécessité des gouvernemens, je n'en vois de raison plus pressante que ce bienfait de l'activité qu'ils peuvent entretenir dans la circulation nécessaire des produits. Je n'en vois de but plus utile que celui de ramener les peuples à la félicité, chaque fois que des circonstances de force majeure les en éloignent.

Le plus haut période d'activité de ces rapports nécessaires est ce que nous appelons la prospérité du commerce. Nous n'en jouissons plus. Nous souffrons, il nous faut indiquer les moyens qui peuvent nous la rendre, et nous aurons appris à ceux qui nous gouvernent l'art d'affermir leur puissance; car notre attachement pour eux, lorsqu'ils nous auront ramenés à l'aisance, ne devra pas rester douteux.

L'avilissement du salaire est la source de tous les désordres ! et toutes les autres causes de dérangemens des fortunes commerciales n'en sont que les conséquences; car la consommation des produits décroît exactement du montant des sommes perdues par chaque ouvrier sur son salaire; puis de celui des pertes de profits qui en devaient résulter pour les détaillans, puis de celles des classes plus élevées, et ainsi de suite jusqu'aux premières sources, c'est-à-dire jusqu'aux fabricans, qui alors frappent de nouveau le journalier de baisse dans le prix de ses peines. Enfin, à l'encombrement des produits se rattache une diminution de leurs prix hors des bornes raisonnables, et qui ne nous laisse plus cette confiance d'une possession réelle, tandis que nos charges, au contraire, courant toujours avec les temps, accroissent notre dette!.... Situation effrayante!.....

A un tel état de chose quel remède apporter? Celui-là seul qui pourrait produire l'élévation du salaire? Oui, sans doute. Mais comme nous ne voyons plus dans la classe des spéculateurs que désordre et ruine totale, et que d'un autre côté l'accumulation des produits commande le repos des producteurs; nous apercevons qu'il faut que ce soit la consommation qui reprenne la première la marche qui lui est propre. Mais la possibilité, voilà, Messieurs, la grande question à résoudre.

La consommation doit être précédée de l'aisance : cette aisance n'existe pas, elle ne peut renaître que de l'activité que reprendrait la classe des journaliers, et nous avons vu que les commerçans ne peuvent l'offrir qu'après qu'ils se verront débarrassés des anciens produits. De là nous sentons qu'il devient impérieusement nécessaire de recourir à un moyen d'occupations étranger à la production ordinaire : où peut-il se trouver? *Dans les seuls travaux publics.* Voilà ce que j'ai à vous enseigner, Messieurs, non pas comme une ressource neuve ; mais comme une ressource qui n'a pas été appréciée à sa véritable puissance. Marchez plus hardiment dans cette route, et vous en obtiendrez les résultats salutaires qui vous en avaient été promis.

Si la *nécessité d'un prix raisonnable pour la journée de travail* avait été l'appui des efforts des premiers partisans des travaux publics, ils seraient parvenus à vous convaincre que leur ouverture est le seul moyen à opposer aux effets de la misère publique.

De l'élévation seule des valeurs peuvent s'énumérer de grandes richesses.

La dette, quoique toujours fixe, n'est grande que par relation ; car celle de mille écus est infiniment petite pour un millionnaire, mais elle est énorme pour un journalier. Relevons donc les valeurs commerciales, et la dette publique ne nous effrayera plus; puis l'impôt pourra être élevé sans être à charge, et par-là nous sortirons du faux système des emprunts.

LA SCIENCE

DES

GOUVERNEMENS,

DÉDIÉE

A MESSIEURS LES DÉPUTÉS

DE LA NATION FRANÇAISE.

PREMIÈRE PARTIE.

Lorsque nous envisageons cette grande diversité de rangs et de fortunes de tous les sujets d'une nation civilisée, et que nous reconnaissons qu'elle se produit naturellement par la seule différence des facultés, des goûts et des passions qui entraînent chaque individu vers une position plus ou moins avantageuse, et dont, en quelque sorte, on ne peut reprocher les rigueurs qu'à soi-même, nous apercevons clairement que tout accident particulier de dérangement de fortune, bien même qu'il laisserait chez celui qui le supporte quelques ressentimens contre certains hommes de mauvaise foi, ne compromet véritablement pas l'ensemble de la société. En effet, que peuvent laisser craindre ces haines particulières, qui se trouvent résulter d'autant de causes diverses que d'individus? Rien.

Mais il n'en est pas de même des dérangemens de fortune que des temps de malheurs publics viennent produire; leurs résultats, dûs à une cause générale, se sentent au-dessus de la prévoyance de ceux qu'ils sacrifient, et, par cette raison, font naître dans les imaginations un sentiment d'animadversion contre le pouvoir, dont les conséquences peuvent devenir des plus fâcheuses, si le gouvernement ne sait les arrêter ou, au moins, les affaiblir dans leurs effets les plus nuisibles, et surtout à cause de ces classes des journaliers qui, toujours victimes premières et princi-

pales de ces circonstances fâcheuses , se trouvent si promptement s'abandonner à la haine et à l'envie contre toutes les autres. Ah ! Messieurs ,
pour ces malheureux journaliers, il faut en convenir, dans un prolongement de durée de ces temps d'infortune , *où tous leurs services deviennent refusés* , ils perdent, dans le montant d'un travail suivi qu'ils n'ont
plus, une somme bien au-dessus de toutes les sur-impositions qui pourraient être demandées aux autres sujets : oui , bien certainement.

C'est à *l'injustice* même de la *rencontre d'une pareille situation*
pour les malheureux ouvriers, et aux dangers qui en résultent pour la
nation entière , que je veux rapporter toute la science des gouvernemens.
Et c'est de la conviction que j'ai qu'une conduite raisonnée doit pouvoir nous amener à cette fin nécessaire , c'est-à-dire au ménagement des
intérêts de tous , que j'ai conçu l'idée d'en étudier les bases.

Commandée par un même besoin chez tous les peuples, quelques soient
mêmes leurs institutions , cette conduite doit être unique et invariable
pour tous les gouvernemens. Elle peut donc être enseignée , elle doit
donc être apprise.

Or, ne serait-ce pas à tort , Messieurs, que l'admission d'un député
à la Chambre représentative se fasse sans autre examen que sa quotité
d'impôts , comme si tous les éligibles pouvaient tous être doués naturellement et sans besoin d'étude de la science des gouvernemens ? C'est un
vide dans nos institutions que les temps pourront faire disparaître. At-
tendons avec confiance.

Si la Chambre des députés est partie constituante de notre gouvernement , il faut qu'elle possède la connaissance d'une manière d'agir nécessaire , c'est-à-dire que chacun de ses membres doit connaître l'art de
gouverner, tel que le souverain lui-même dont il est appelé à apprécier
les volontés ou à repousser les erreurs.

Par la même raison , Messieurs, nous devons dire aussi que , puisque
la nation a le devoir de choisir les députés , il faut que ce soit la nation
entière qui sache, comme le souverain lui-même, l'art de gouverner ;

autrement elle ne pourrait envoyer au gouvernement des hommes véritablement utiles, si, nous, tous membres de la nation, nous ne connaissons
pas quelles sont les opinions nécessaires à l'homme d'état.

Etudier une connaissance hors de nos besoins particuliers est un impôt,
il est vrai ; mais tout électeur qui ne s'en occuperait pas trahirait sa cons-
cience, en même temps qu'il sacrifierait ses intérêts dans ceux de la nation. La loi, au surplus, n'oblige à embrasser les devoirs d'électeur que
celui qui paie *un cens* qui est déterminé assez haut pour faire préjuger
cette faculté de pouvoir se livrer à cette étude, d'ailleurs peu dispen-
dieuse et n'exigeant que peu de temps.

La science des gouvernemens a besoin au plutôt de se créer et de faire
partie de l'enseignement dans toutes ses institutions. Jetons-en les premiers fondemens pour nous-mêmes, avant de nous livrer aux choix de
nos nouveaux députés ; car il faut cette unité de pensées, entre tous
nos mandataires, qui nous garantisse de ne plus voir ces scissions continuelles qui entravent les affaires, et reportent à des temps si reculés que
nous ne puissions plus l'apercevoir, ce retour de la véritable félicité. C'est
en notre nom et à notre préjudice que nos représentans commettraient
toute erreur. Certes, ce point de vue est de la plus haute importance.
Communiquons-nous donc toutes nos pensées comme tous nos désirs.

Que voulons-nous tous ? la prospérité nationale, la félicité de tous les
sujets indistinctement... Pour arriver à les obtenir, il faut en chercher
les conditions ; il faut apprendre à les distinguer dans leur véritable es-
sence.

La prospérité nationale doit s'entendre du maintien de l'étendue du
sol et de l'extension de l'industrie des classes laborieuses. Elle doit s'espérer de l'entretien de la force nationale vue dans la population même,
et de nos ressources d'accroître nos jouissances par l'amélioration continuelle des moyens de produire.

La félicité des sujets, premier des bonheurs, est un bien-être préférable à toutes les richesses imaginables, et d'elle seule doivent s'attendre
tous les autres avantages dont puissent jouir les états civilisés. La félicité

est de tous les âges des nations, comme de tous les rangs des sujets qui les composent; indépendante des lois mêmes, elle peut se rencontrer chez tous les gouvernemens; elle est, enfin, un don de la sagesse du souverain, c'est-à-dire qu'elle ne peut s'attendre que *de la protection que le souverain accordera* sans cesse au *faible* contre les efforts du riche.

Non; qu'on ne croie pas que ma pensée soit que le souverain, par des libéralités qu'il puiserait chez vous-mêmes, Messieurs, doive reporter l'aisance chez ces malheureux qu'une paresse ou mille autres causes de désordre ont plongés dans la misère! Non, Messieurs, j'entends, par la protection du prince, seulement cette bienveillante action de tendre continuellement la main à des sujets laborieux, utiles à la société par leurs travaux, et qui, malgré l'ordre même de leur conduite, ne peuvent arriver à l'aisance qui leur est due, parce que vous et nous, Messieurs, simples sujets, nous ne connaissons d'autres règles que de payer à meilleur marché possible leurs services, et que nous parvenons trop souvent à les leur arracher à vil prix, non pas sous leur bon plaisir, croyez bien, mais à la faveur de cette nécessité pressante qui les *accable journellement, dès que le moindre dérangement se manifeste dans l'ordre social.* Or, concevez donc qu'arrivés là, il ne leur est plus possible, de leur propre volonté, de se relever de cet état misérable où ils se voient... et alors, vous sentirez tous, Messieurs, la convenance d'une protection particulière du gouvernement; ou si, au contraire, vous en méconnaissiez le besoin, jetez les yeux sur les conséquences d'un abandon total de leur intérêt au hasard, vous apercevrez bientôt votre propre ruine; car à quels désordres, à quelles violences contre vous ne serez-vous pas exposés à les voir se livrer, si encore vous abaissez leur salaire jusqu'à ce qu'ils ne trouvent plus même le prix du pain qui leur est nécessaire?

Oh! non, Messieurs, je n'entends pas proposer que l'on fasse de ces distributions de secours qui déplaisent au riche et avilissent le pauvre; mais seulement démontrer que le devoir d'un gouvernement est de veiller sans cesse à ce que les *services de l'artisan journalier* soient toujours accueillis et *payés, d'une manière honnête,* par tous ceux auxquels ils peuvent être utiles , sinon que ce gouvernement doit les appeler à des travaux d'utilité publique ; car les produits des industriels , c'est-à-dire tels genres de travaux que puissent suivre les journaliers , constituent, avec les produits de la terre , l'ensemble de la richesse nationale qu'il importe de ne pas laisser infructueuse dans aucune de ses parties. Et si, vous sujets, vous ne vous trouvez avoir aucun besoin par l'accumulation des choses qui constituent vos jouissances habituelles , c'est qu'une économie, sur la dépense qu'elles vous devaient causer, vous a permis de vous en prémunir ; alors, voyez comme bienveillance, que , dans ce moment de richesse où vous êtes , le gouvernement s'occupe de diriger vos producteurs vers des objets d'intérêt général : ce n'est pas moins encore les occuper pour vous-mêmes, puisque vous faites partie du général de ses sujets. L'argent qu'il vous demandera à cette occasion ne sera donc pas donné par vous comme en pure perte , et de son emploi, vous recueillerez des profits réels et, souvent même, plus grands que ceux que vous auriez pu en tirer si vous l'aviez appliqué à votre intérêt personnel. L'amélioration d'un chemin communal profite en effet à tous : le cultivateur , par chaque fois qu'il le parcourt , gagne un ou deux chevaux de conduite , et le particulier qui consomme ses produits , les reçoit à meilleur compte , et ses profits sont en masse bien au-delà de la charge de l'impôt (1). Tous autres exemples prouveraient avec la même évidence l'utilité des travaux publics , et que le profit qu'en reçoivent les sujets est toujours bien au-dessus des sacrifices qu'ils leur causent.

---

(1) Assez ordinairement, pour les améliorations de chemins communaux , ce n'est pas toujours par impôt qu'on les exécute, mais par corvées. Bien que corvée et impôt puissent se croire synonymes , je pense devoir dire ici que les résultats , quant au bien qu'en reçoit l'ordre social , sont très-différens ; car l'impôt se verse à des journaliers qui en dépensent le dividende au profit de l'écoulement des productions manufacturières , tandis que la corvée n'offre pas cette ressource de stimuler ainsi la circulation , puisqu'elle ne laisse qu'un sentiment de déplaisir à celui qui remplit le but dans lequel elle est imposée. Je l'appelle, pour le distinguer du véritable impôt en numéraire , impôt qui ne se reverse pas à la société , utile quant à son objet même, mais non pas sous le point de vue principal sous lequel je veux faire voir la convenance des grands impôts appliqués au rétablissement de la circulation et de l'aisance.

Les travaux publics, utiles contre les inconvéniens de la surabon-dance, ne le sont pas moins contre les effets des temps de misère publi-que. Nous devons même tous reconnaître que cette ressource est l'unique par laquelle les nations peuvent être rappelées à la félicité ; et c'est dans notre situation présente qu'il nous faut en trouver la preuve : étudions les faits.

La nation entière souffre... Les fortunes se déplacent de plus en plus ; et cet état de chose, s'écrie tout le monde, peut nous perdre. Il faut donc y porter remède, et ne pas attendre du hasard un meilleur avenir ; il faut apprendre à le commander.

Quelles sont nos souffrances ? quels sont les avantages que nous avouons avoir perdus ? quels sont les causes de ces dérangemens ? quels sont les moyens de les faire cesser ?

Le journalier se voit sans pain..... le riche se voit à la veille d'être arbitrairement imposé par le malheureux, et le gouvernement se voit exposé à ne plus toucher avec la facilité nécessaire les contributions.

Nos avantages étaient une aisance chez le journalier, qui lui permet-tait d'obtenir, outre ses alimens, une foule de jouissances qui consti-tuaient pour l'ensemble de la société une consommation avantageuse ; aisance qui permettait à chaque ouvrier de prendre le repos nécesaire à sa santé ; aisance qui le conduisait à ne produire que proportionnellement aux besoins de la population entière. Le riche, par cette position d'ai-sance chez le journalier, louait avec augmentation ses propriétés, et était exactement payé, enfin le gouvernement recevait sans la moindre peine les contributions de tous les sujets indistinctement.

Les causes des dérangemens arrivés ne *sont que fictives*, Messieurs... et de leurs seules influences défavorables, sont apparues les causes réelles de tout le désordre qui existe. Voyons l'ordre social naturel.

Il est, Messieurs, une grande distance entre les producteurs et les consommateurs. A une foule innombrable d'intermédiaires qui les sépa-rent, est ordinairement due une précession considérable des produits aux besoins ; de sorte qu'en temps heureux, on peut toujours trouver les magasins des intermédiaires approvisionnés pour plus d'un an. Voyons le dérangement de cet état favorable.

Un événement politique des plus importans arrive..... il semble combler tous les vœux, surtout de toutes les classes liées à l'industrie ; que cependant de ces mêmes classes, les intermédiaires principalement furent les premiers à penser que, dans leur intérêt particulier, ils devaient changer leur alure ordinaire. Ils se tracèrent une conduite nouvelle pour leurs spéculations ; ils l'ont crue en rapport avec ce que commandait la prudence. Elle fut de réduire de beaucoup les affaires auxquelles ils avaient habitude de se livrer suivant les saisons. Elle pouvait, cette conduite, compromettre les intérêts des consommateurs en même temps que ceux des producteurs ; mais à cause des approvisionnemens, la seule victime de cette hésitation des intermédiaires fut la classe des journaliers producteurs. Ceux-ci, jaloux de ne pas rester dans l'inaction, vinrent presser les intermédiaires, et, pour les déterminer à la commande, ils leur offrirent *leurs peines à plus bas prix,* dans l'espoir, s'ils sont accueillis, de couvrir le rabais qu'ils auront consenti par des efforts prolongés au-delà de la durée ordinaire de la journée de travail ; une succession de rabais nouveaux ne leur laisse plus bientôt espérer que la subsistance.... que moins même que la subsistance !.... Et ce qui est plus affligeant encore, c'est que le prolongement de cette crise ne leur ferme même entièrement tous les ateliers. L'ouvrier, dans cette position, ne se couvre plus que de hardes en mauvais état ; il n'achète plus ; sa misère va atteindre, à leur tour, quelques-uns des intermédiaires qui lui vendaient ses vêtemens. De mille autres semblables causes, cette accumulation des produits que nous estimions pouvoir durer une année, ne pourra-t-elle pas en durer bien davantage, ou même s'accroître par les nouveaux, quelques réduits qu'ils soient, si l'aisance ne se rétablit en toutes les classes pour faciliter la consommation ? Un avilissement de toutes les marchandises alarme toutes les classes actives, et, de jour en jour, elles se croient moins riches, en comptant comme perte réelle la diminution survenue sur les marchandises qu'elles possèdent et ne peuvent plus écouler. Bientôt s'accroît la défiance importune des créanciers sur des débiteurs que les circonstances ne favorisent plus ; ils les excèdent. Ceux-ci ont recours à des banquiers qui, à cause de premiers crédits, ont intérêt à les soutenir ; mais le prolongement de ces temps de malheurs font crouler leurs protégés et les plongent eux-mêmes dans l'impérieuse nécessité de faillir, ne pouvant faire face à la multitude de remboursemens qui surviennent ; car, dans cette partie des spéculations commerciales, on donne si librement des endos, et avec tant de sécurité dans les momens de félicité, que dans des circonstances telles que celles que nous éprouvons, il n'est presque pas d'espoir de salut pour les 7/8 des banquiers. Ces désordres des fortunes commerciales, arrivés sur tous les lieux en même temps, affligèrent naturellement tous les esprits. La population entière alors s'est imposé généralement des privations, comme pour se disposer à l'avance, par des économies sur toutes choses, à pouvoir supporter les sacrifices majeurs que commanderont les calamités qu'elle redoute. Et par-là tout le monde est venu aggraver, de la manière la plus déplorable, le mal public.

Voici, Messieurs, comme a disparu la confiance. Une simple erreur de réflexion attribué à la prudence même....., a pu causer tant de désordres en 8 mois à peine....., sans qu'on ait donc connu le moyen de les éviter.... ?

De la confiance, Messieurs, oui, de la confiance ! Mais suffit-il de l'invoquer pour en espérer le retour?... Suffit-il d'en démontrer la nécessité et les salutaires effets pour parvenir à la commander? Non, Messieurs...., elle ne *renaîtra que d'actions opposées. aux actions qui l'ont fait disparaître*..... Remonterons-nous à la *cause fictive?* Non, mais seulement aux conséquences fâcheuses que nous lui avons reconnues, puisque seules elles sont véritablement devenues les premières causes, et les causes véritablement réelles du désordre. Nous les avons signalées, ces conséquences premières, la *diminution du prix de la journée de l'ouvrier.* Il faut son *rétablissement* pour nous replacer dans cette position favorable, que tous nous désirons si ardemment.

L'élévation du prix de la journée de l'ouvrier, comme l'élévation de

toute chose, résulte, nous le savons tous, de la concurrence des de-
mandes. La population entière, vue individu à individu, ne *demande
pas*. Il faut que la population entière, vue dans ses droits au gouvernement, *demande spontanément* l'emploi de tous les ouvriers pour des
travaux publics, c'est-à-dire, consente les impôts nécessaires à l'exécution d'une telle mesure, que la sagesse seule du souverain peut commander, et doit commander, comme l'unique moyen de ramener tout dans
l'ordre et la tranquillité. Il faut, s'écriera-t-on, des richesses immenses,
et nous ne les possédons plus ! Oh ! si, en août dernier, on eût pu prévoir ce qui est arrivé depuis, certes, il aurait pu être facile de recourir
à un tel expédient. Le succès s'en aperçoit; employé par le gouvernement
ou par les sujets, l'ouvrier, qui touche 3 fr. de sa journée et les dépense,
aurait entretenu cet écoulement des produits; les spéculateurs se seraient
bientôt remontrés. La réduction du nombre des ouvriers, nécessaires aux
manufactures, aurait maintenu leurs salaires; leur consommation accou-
tumée n'aurait pas diminué. Au contraire, pendant l'absence de leurs
camarades, appelés dans les travaux publics, ils auraient pu arracher
quelques sous de plus et dépenser davantage; ils auraient pu goûter plus
fréquemment quelques quarts de jours de repos, car *ce repos est la plus
belle des richesses qu'ambitionne l'homme de peine ; et détrompons-
nous de croire que le plus de gain l'acharne toujours plus au travail.*
Ils auraient donc moins produit, et les marchandises, dans tous les magasins des intermédiaires, se seraient maintenues de prix : *personne ne
se serait ruiné.* Oui, sans doute, nous sentons tous ces avantages; mais
l'impôt aurait été accablant.

Non, Messieurs, l'impôt aurait été supportable pour tous; et si l'énu-
mération des pertes éprouvées partout pouvait se faire, vous seriez bien
autrement surpris de leur importance; car pour l'impôt, ne voyez-vous
pas combien peu de temps il eut été nécessaire? A peine deux mois suffi-
saient pour détourner l'influence de l'hésitation des spéculateurs, et
qu'alors tous les ouvriers levés pouvaient être rendus aux fabriques,
pouvaient donc *cesser d'être à charge à l'état.* Mais le montant de cette
charge temporaire de si courte durée, ne pouvez-vous aucunement l'ap-

précier ? Soit donc qu'on ait pris 2 millions d'ouvriers à 3 fr. par jour, que pour 2 mois vous auriez eu une dépense de 360 millions : cette somme·vous serait bientôt offerte, même dans le moment actuel, si vous pouviez aller proposer à tous-ceux qui possèdent des marchandises de leur rétablir le cours où ils les vendaient en juillet dernier. Vous ne rendriez pas à ces spéculateurs seulement 360 millions, Messieurs, mais des milliards, et des milliards qu'ils peuvent estimer avoir perdu par la diminution des marchandises qu'ils possèdent.

Il nous reste à étudier encore un point important de cette proposition, de lever spontanément de grandes masses d'ouvriers, pour replacer la nation dans la position d'aisance générale qui constitue la félicité publique. C'est le rapport de ces quantités à lever, avec la gravité des circonstances qui commandent de recourir à de tels moyens ; mais il se démontrera de lui-même, de la manière la plus sûre ; puisqu'en suivant pour règle, d'offrir des travaux à qui veut en accepter, on sera certain d'atteindre jusqu'au dernier des inactifs. Cette conduite sera-t-elle considérée imprudente ? Non, Messieurs ; la crainte de prendre de trop ne peut vous inquiéter ; car, prendriez-vous tout, ce qu'il est impossible de voir arriver, que vous trouveriez dans la nation entière la ressource nécessaire à les entretenir : car, remarquez-le bien, si la masse entière était à prendre, c'est que la population entière serait suffisamment riche de produits, et n'aurait pas des millions de sur-prix à leur payer par jour pour travailler pour elle. Qu'elle donne au gouvernement cet argent pour les occuper à des choses d'utilité publique ; le surlendemain qu'il aura été versé à ces ouvriers, ces ouvriers le reverseront à ces possesseurs de produits accumulés, et ceux-ci se sentant déchargés d'une partie de leurs marchandises dont ils ne faisaient plus d'estime, reprendront courage de telle manière, qu'après une seconde vente due à cette nouvelle position, ils s'empresseront de demander aux fabricans de reproduire ces marchandises de toutes espèces vendues. Or, ne faudra-t-il pas que le gouvernement relâche de suite une partie des artisans journaliers qu'il aura mis comme en réquisition ? Cela est indubitable.

Mais voici la meilleure raison qu'on puisse enfin donner de cette possibilité de lever, au compte du gouvernement, tant d'ouvriers : c'est que *il n'est* de l'occupation de la totalité des ouvriers, consentie volontairement par les sujets, ou de nécessité par le gouvernement, avec l'argent des sujets, *toujours qu'une seule paie à faire* par la nation ; et que, si c'est le gouvernement qui occupe, il n'y a d'autre changement que l'acquit par moyen médiat, plutôt que directement, puisque, dans l'un ou l'autre cas, il faut que ce soit toujours l'argent des sujets qui solde l'ouvrier.

Il faudrait, dans une combinaison telle, épuiser tous les moyens de conviction, pour arriver à présenter la chose à la portée de tous les contribuables. On le sent bien ; mais ce serait nous éloigner trop de l'objet en vue, et nous devons nous contenter des seules indications des moyens utiles. Voyons les inconvéniens des fautes qu'on pourrait faire dans l'application.

Si on levait trop d'ouvriers, l'impôt deviendrait effrayant ; mais les résultats seraient beaucoup plus prompts, et l'on serait beaucoup plus tôt débarrassé ; cependant, il ne serait pas convenable de se relâcher tout-à-coup de l'exécution des choses entreprises ; il faudrait ne rendre que par partie de ces ouvriers, afin que le doute ne reparaisse pas, et ne suspende pas les affaires.

Au contraire, si on n'en levait pas assez, l'élévation de la main-d'œuvre ne se manifesterait pas ; et comme c'est de *ce rétablissement du prix de la journée* à sa juste valeur, que peut seul arriver le bien-être de l'écoulement des anciens produits, par la consommation même, on perdrait absolument ses peines. Il en serait de la machine publique qu'on voudrait relever par de trop faibles moyens, comme de l'essai d'un boulanger qui voudrait chauffer son four avec des bottes d'allumettes, qu'il ferait brûler ssuccessivement en place de fagots. Aurait-il la patience d'en user une voie entière, qu'il ne parviendrait pas à son but, et il aurait dépensé cent fois le prix de deux fagots qui pouvaient lui être nécessaires.

Or, des travaux publics à Paris seulement, ne suffiraient pas encore ; il en faut dans tous les départemens manufacturiers.

De même que des travaux publics payés à 8, 9 et 10 sols, comme par certains maires de province, sont sans résultat utile pour faire renaître la consommation des marchandises, ils sont nuisibles même, en ce sens que le rentier qui appelle un journalier, lui offre, comme par grâce, 12 à 15 sols, à cause qu'il n'en avait que 10, et lui impose même de ne pas se plaindre. Il n'eût pas, sans doute, sans cet exemple de l'autorité municipale, offert moins qu'il ne payait les années précédentes, à 22, 24 ou 30 sols. Payer 8, 9 et 10 sols, c'est faire l'aumône. On ne pouvait pas moins faire. C'est donc perpétuer le malheur public que d'occuper à si vil prix les malheureux sans ouvrage. Qu'on ne se targue donc pas d'avoir conservé la vie à de telles victimes.

Il faut occuper les ouvriers non-seulement pour eux-mêmes, mais particulièrement pour la conservation du riche et le respect de sa personne comme de ses propriétés.

La richesse d'une nation ne doit pas se chercher dans des possessions réelles; non, Messieurs, mais dans la seule *confiance que chacun des sujets peut avoir dans ses moyens d'existence pour la journée du lendemain ;* et c'est dans cette seule confiance que se rencontre la véritable félicité des peuples.

Tel a des propriétés dont les revenus peuvent lui faciliter l'achat des productions qui, à chaque jour, lui sont utiles ; tel autre a des bras dont le prix du travail lui assure une même somme de productions. L'un et l'autre seront aussi heureux, si les rapports qui entretiennent l'ordre social ne sont pas interrompus par de ces causes de force majeure ; mais l'un et l'autre tomberont presqu'en même temps dans le malheur si cet ordre social cesse pour longtemps d'exister : car celui des deux que la misère vient atteindre le premier, peut-il, si vous l'abandonnez, se résigner à la mort par respect pour les lois ? Non, Messieurs ; la nécessité ne sera pas seulement *une excuse* à ses actions, mais *bien un titre* à commettre les violences du pillage lorsque la faim le dévore.

C'est alors, Messieurs, que les nations apprennent à se conduire, et à reconnaître combien est vaine cette continuelle recherche de lois nouvelles et d'améliorations de tous genres , en comparaison de celle de la science de procurer la félicité à tous les sujets....

Que de peuples se sont succédés depuis l'origine du monde , et ont su jouir de momens de félicité sans posséder nos institutions ! tant il est vrai que le bonheur des nations ne se doit qu'à la sagesse des volontés des souverains , plutôt qu'à la puissance réelle des lois sous l'empire desquelles on voudrait tout asservir.

Oui, Messieurs , la félicité de tous , sans exception , est possible , et si les nations ne la connaissent jamais que par momens de courte durée , ce n'est que par la négligence que mettent les souverains à en découvrir les véritables causes ; car eux seuls , Messieurs , peuvent les commander. Que continuellement donc ils veillent à faciliter l'*aisance* chez tous leurs sujets, et ils sauront procurer la véritable richesse, la félicité !

Mais l'aisance , qu'ils sachent l'apprécier ; elle ne sort pas seulement des possessions , je le répète , mais *de la constance surtout des situations*. Car , hors même de la possession , je la rencontre, si mes bras laborieux ne sont pas repoussés , et si continuellement le prix de leurs services soutient l'élévation qui m'est nécessaire pour me laisser obtenir mes jouissances accoutumées. Oui , Messieurs , voilà les seules choses et le seul bienfait que j'exige de la protection du souverain....... Il pourra toujours me les procurer ces avantages , de l'élévation suffisante du prix de mes peines , et la stabilité, si , dans tous les momens de trouble public il sait m'offrir l'occupation que la stupeur générale me fait refuser ; si , dans toutes les circonstances d'avilissement du prix du travail par suite d'une abondance qui atteste le trop d'habileté des producteurs, il sait soustraire de nos classes une quantité relative de sujets, jusqu'à ce que de nouvelles jouissances aient été apprises à l'ensemble de la société pour offrir le placement de ces ouvriers momentanément soustraits, et que la société rappellera pour occuper à la nouvelle production ; si , dans des momens de disette , qui viennent décourager et arrêter les spéculateurs, il nous accueille encore pour soutenir la concurrence dans la demande des bras, afin de ne pas laisser arriver cette diminution du prix de la jour-

2

née, ce qui, pour nous, dans ces temps de la disette du blé, serait une double calamité, et pour l'ensemble de la société une double circonstance de malheurs, puisque notre énorme consommation, au lieu de se réduire de quelque peu, disparaîtrait entièrement et dérangerait l'ordre social ; et enfin, si, dans ces temps des plus grandes calamités, de famine ou de peste, il nous accueille encore, pour nous soustraire à cet effroi dans l'abandon duquel nous succomberions infailliblement.

Oui, Messieurs, par cet unique moyen, par l'occupation des ouvriers, le souverain sauvera ses sujets de mille et mille dangers qui, successivement et presque continuellement, viennent les attaquer ; parce que, malgré la présence de ces maux, si le maintient du prix de la journée est procuré, l'ordre social se conserve. Or, comme après la famine et la peste le dérangement de cet ordre social est la plus fâcheuse des calamités, sa conservation doit être vue sans cesse le plus pressant des besoins.

Oui, Messieurs, à tant de maux différens, il faut appliquer ce même, cet unique remède, parce que dans l'apparition de chacun d'eux, s'associe toujours ce même dérangement des fortunes particulières et cette même misère des journaliers, position des plus déplorables et qui peut exposer, à chaque fois qu'elle arrive, la nation même la plus puissante à succomber sous les efforts d'envahissement qu'oserait faire même la p lu faible de celles qui l'avoisinent.

Du maintien du prix de la journée de travail, vous obtiendrez tous ces bienfaits, oui, Messieurs ; et que de votre multitude de lois, seraient-elles toutes parfaites, vous n'oseriez pas même en espérer un seul, si vous connaissiez, Messieurs, que les lois sont mal entendues d'être crues nécessaires aux nations dans leur ensemble. Elles ne peuvent servir que le simple particulier contre l'injustice d'un malfaiteur, mais non les masses contre l'injustice des masses.

Lorsque nous ne nous plaignons que de misère et non de rapines, que pouvez-vous contre cette misère avec toutes vos lois ? Que pouvez-vous ! Rien absolument. Et avec toutes vos lois, parerez-vous au débordement qui pourrait nous menacer ? Non, Messieurs, dans tous les momens de malheurs publics, elles ne vous seront jamais d'aucun secours. Remettez donc à des temps de félicité ces discussions législatives, que trop de gens vous accusent d'aimer, plus par l'amour de briller aux yeux de 10 millions d'individus qui vous écoutent que par le véritable amour de la patrie..... (1).

Appesantissez-vous, il en est temps, SUR LES MOYENS DE SATISFAIRE AUX VÉRITABLES BESOINS DES PEUPLES. Et vous découvrirez, Messieurs, qu'il suffit à tous les gouvernemens, quels qu'ils soient, pour faire le bonheur continuel de leurs sujets, de ramener sans cesse à *un terme convenable* dont il est sans cesse exposé de s'écarter, *ce prix de la journée de travail*. L'ouvrier dont vous vous rendrez le protecteur, n'est-il pas le père de toutes les jouissances que vous goûtez dans l'état de civilisation? Ne calculez donc pas ses besoins d'après les privations que vous l'aurez vu s'imposer, mais bien d'après vos propres besoins ; car il lui appartient aussi bien qu'à vous de jouir de tous les avantages de l'état actuel des découvertes humaines, et ce sera par la multiplication seule de ses jouissances que vous arriverez à la *stabilité* des *affaires* commerciales, ou ce qui est la même chose à la *véritable félicité publique*. Pour obtenir cette stabilité des rapports sociaux, ne faut-il pas, ces rapports, qu'ils soient à l'avantage de tous les membres indistinctement de la société, pour que cette société se plaise à les entretenir ! Or, le travail du journalier peut-il donc, sans injustice, être baissé à ce point qu'il ne lui procure que ses alimens? Non ; mais si le journalier ne peut, par sa propre volonté, faire équilibre contre l'effort continuel du riche à avilir son salaire, qui devra donc le protéger? Le gouvernement. Et par quels moyens, si ce n'est par l'ouverture de grands travaux d'utilité publique, afin de causer dans les rapports sociaux la diminution des bras, et ramener l'élévation du prix de la journée à sa juste valeur? .

Voilà, Messieurs, l'art de gouverner, l'art de commander la confiance

---

(1) Je ne vous signale ici qu'une calomnie à laquelle vous expose un zèle que je voudrais que tout le monde appréciât comme moi-même.

publique. L'attendre du hasard serait déraisonnable ; il faut la commander par l'intérêt seul de chaque individu. *Sachez consentir les impôts ! sachez surveiller leur prompte application ! leur entière application !* Voilà l'unique objet qu'il nous importe à tous de vous voir suivre dans la crise présente.

Que des impôts, tels élevés qu'ils soient, sont peu à charge, en comparaison de cette incertitude cruélle dans laquelle nous sommes tenus !... L'impôt qui *retourne à la société* permet à l'infini l'accroissement de l'impôt, parce qu'il répand l'aisance dans toutes les classes, parce qu'il égalise pour tous les membres de la société les avantages de la richesse, toujours entendue dans la confiance que nous avons sans cesse besoin d'avoir dans nos moyens d'exister à demain. Pour toutes les classes de producteurs, il est profit, parce qu'il ne rentre que sous la forme de bénéfices de spéculations, et que ces bénéfices sont toujours bien supérieurs à l'impôt. Pour les rentiers, il est encore profit, puisqu'il soutient la valeur des locations, dont la diminution dépasserait encore l'impôt, qui alors est pour eux moins préjudiciable. Oh ! s'écriera-t-on, voilà l'aveu d'une inégalité ; l'impôt est profitable aux producteurs, il n'est que moins préjudiciable aux propriétaires. Oui, Messieurs, il y a inégalité; mais elle ne sera que temporaire, et les temps antérieurs vous en ont accumulé des compensations que vous n'allez pas méconnaître. Combien donc, MM. les rentiers, les progrès de l'industrie ne vous ont-ils pas enrichi? à qui en devez-vous la découverte ! à ces producteurs à qui vous reprocheriez, dans la position que je veux qu'on leur donne, de ne pas supporter par moitié l'impôt de circonstance. Et c'est au moment où allait leur être acquis le droit de prendre ce qu'il leur manquerait, à vous, Messieurs, qui possédez. C'est à ce moment où l'on vous sauve du plus fâcheux désordre que vous penseriez à compter de si près? Mais non encore, ce ne sera pas de cette considération seule sur laquelle on pourrait attirer votre attention, que je viendrai démontrer l'inconvenance de votre réclamation à l'inégalité. Non, Messieurs, mais surtout en exposant la différence de votre position présente à celle d'avant la révolution, combien n'obtenez-vous pas de produits ignorés de vos auteurs avec le revenu actuel de ce patrimoine que vous en avez hérité. La plupart ne vous coûtent pas moitié de ce qu'il leur avaient coûté, et vos terres vous rendent en numéraire trois fois ce qu'ils en recevaient. Vous seriez donc six fois plus riches si l'impôt n'était pas du tout augmenté? Anéantissez l'industrie, vos revenus baisseront au taux du dernier siècle; mais il vous en coûtera d'amers regrets de quitter ces jouissances dont les temps vous ont fait nécessité.

Avec les progrès de l'industrie les impôts doivent accroître; mais en même temps les revenus vont à l'augmentation d'une manière plus rapide encore. Cette vérité, que les temps ont prouvée, ne permet aucune réplique, n'exige aucun développement. A elle seule, elle confirme mieux que tout ce que j'ai pu dire, la vérité des résultats avantageux qu'on doit attendre du moyen d'employer des masses innombrables de journaliers dans des temps de malheur public, comme aussi la possibilité surtout de son exécution.

Si mes réflexions, Messieurs, m'ont conduit à prendre l'avance contre ces économistes toujours prêts à combattre tout système de dépenses, d'un autre côté, il est quelques prodigues que je crois devoir attaquer. Par exemple, ceux qui semblent croire à la nécessité de la guerre, non pas comme besoin de soutenir nos droits et nous défendre contre des injustices étrangères, mais comme resssource seule pour faire cesser les désordres du commerce; bien qu'ils ne soient pas entièrement en erreur sur le soulagement qu'en éprouveraient les affaires, ils ne s'en trompent pas moins d'une manière des plus déplorables. On voit dans leur avis, qu'entraînés par des idées restées confuses en leur imagination sur les causes de l'avilissement des produits, ils en ont tiré la fausse conséquence que notre population serait trop considérable, et sur cela ils se sont déterminés à prêcher le besoin de la guerre! Mais y pensent-ils bien? Serait-ce un remède de deux mois de durée? N'ont-ils pu remonter à quarante années de l'histoire de notre pays, et y apprendre qu'une guerre qu'on se proposait de poursuivre quelques semaines a duré vingt-quatre ans? Ou ignorent-ils qu'une fois engagé on n'est plus libre de dire : mais je n'ai plus trop d'ouvriers? Et ont-ils méprisé de voir que de tels sacrifices, consentis par eux, révolteraient la nation entière contre eux?

On court exposer sa vie pour la garantir des tentatives d'un ennemi qui nous menace de nous égorger par surprise les uns après les autres ; mais sans de si justes raisons hasarder les chances de la guerre , c'est en vérité une action de désespoir au-dessous de la raison humaine (1) ! Ah ! si, pour les mettre à l'épreuve , nous proposions d'ouvrir les bras à des pestiférés pour nous inoculer la peste, accepteraient-ils ? Non. Pourquoi donc alors veulent-ils la guerre ? Parce qu'ils espéreraient échapper , en conduisant sans doute sur d'autres de leurs semblables les horreurs de ce fléau ! Tout repousse de tels moyens, même leurs motifs, seraient-ils réels ! Mais non , Messieurs , qu'il soit loin de nos pensées de nous croire dans cette affreuse nécessité de nous entre détruire. Notre sol ne produirait-il pas assez, que nous aurions lieu d'espérer , de la nécessité même , de nouvelles découvertes en agriculture. Et encore , avant de songer à nous décimer , ne nous resterait-il pas à reprendre aux forêts un sol qui pourrait nous conduire à bien des siècles.

Non , Messieurs, oh ! non ; les productions du sol ne sont pas au-dessous des besoins de notre population. Et la preuve en est même trop frappante, puisque c'était hier encore que nous étions dans la position la plus heureuse ; d'où conséquemment nous devons avouer que cette population ne dépasse réellement pas ses ressources d'existence. Ah ! si nous nous sommes levés contre le despotisme , ce n'a été que pour l'avenir dont il nous menaçait ; car, à peine si nous commencions à en ressentir les premiers effets. Une sage prévoyance a été notre guide ; mais , d'un autre côté , un oubli de la conduite qu'il nous fallait adopter a été la faute la plus grave... Que les huit mois écoulés nous servent donc de leçon...

---

(1) Pour moi, quant à la question de paix ou de guerre , je n'entends nullement la traiter ; loin de là , je déclare même penser qu'elle ne peut raisonnablement s'aborder par qui que ce soit de ceux qui ne sont pas ministériellement informé des faits diplomatiques , d'où seuls peuvent ressortir la détermination à prendre , et toujours en suivant les règles de l'équité avant toute considération de convenance.

L'ouvrier lui-même ne vous avait-il pas dit, dès les premiers momens de ses souffrances, qu'il *fallait augmenter le prix de la journée, et diminuer l'étendue de sa durée.* Vous avez pris ses expressions à la lettre, plutôt que cherché le fond de sa pensée et la réalité de ses besoins. Vous avez accusé la malveillance d'être même l'instigatrice de cette demande, si contraire, en effet, dans votre sens, à la liberté qu'avaient proclamée les journées de juillet ; et vous avez repoussé ces malheureux comme des perturbateurs ! Ils n'étaient que de simples citoyens, qui, manquant de cette hardiesse qui même caractérise des chefs de désordre, n'ont pas su persévérer à se faire entendre, pour vous faire reconnaître ces grandes vérités qu'ils avaient aperçues.

Oh ! oui, Messieurs ; et si vous les aviez saisies, ces vérités, vous auriez, de la conduite qu'elles vous eussent fait tenir, obtenu, en outre de l'avantage du rétablissement des affaires de commerce, celui encore d'enlever à nos ennemis intérieurs la seule ressource d'agitation dont ils pouvaient user, en faisant disparaître en même temps par toute la France ces hommes qui, sans occupation et pressés de misère, sont à la merci du premier intrigant qui les attire.

Oui, sans doute, sous un gouvernement qui sait maintenir l'ordre social et procurer la félicité à tous les sujets, ils ne peuvent pas, ces insensés, qui osent former le projet de renverser l'autorité pour se substituer au pouvoir, faire rien de plus que ne pourrait l'extravagant qui, sans les instrumens nécessaires, voudrait, seul et à force de bras, arracher un arbre des mieux enracinés.

CONCLUSION.

L'avilissement du salaire résulte d'une baisse des produits, qu'on pourrait dire avantageuse aux consommateurs, mais qui ne peut long-temps exister sans des désordres dangereux. Or, lorsqu'on en peut prévoir la prochaine apparition, il faut ouvrir des travaux publics en levant en même-temps des impôts particuliers à ces circonstances.

Comment une nation à laquelle on les demande , pourrait-elle refuser d'y satisfaire , lorsque par les profits de la baisse de tous les produits qu'elle a consommée dans les derniers six mois , par exemple , elle a fait une accumulation de deniers qui justement peut correspondre à ce qui lui serait demandé ? Certainement cela serait injuste de sa part. Cependant ce sont toujours ceux-là qui le plus ont joui à bas prix des peines de l'artisan , ces propriétaires fonciers, qu'on remarque faire le plus d'efforts pour repousser l'impôt ; mais comme ils font justement partie du gouvernement , ils parviennent toujours à faire tomber les impôts de circonstances sur les contributions indirectes plutôt que sur le foncier, dont les revenus accrus, toujours accrus, cependant pourraient plus qu'aucune autre valeur permettre la surcharge temporaire.

Laissons-les dans leur erreur , et peu importe même qu'ils veuillent toujours se ménager, si du reste ils obéissent à nos principes sur cette nécessité d'ouvrir des travaux publics à chaque fois que l'avilissement du salaire se manifeste ; puisqu'également peu importe pour l'ouvrier de payer cher les boissons et autres objets qu'on aurait surchargé, si du reste on veille sans cesse au maintien du prix de la journée à un taux relatif au cours des objets qui constituent ses besoins.

Les impôts , tels mal distribués qu'ils soient , s'égalisent toujours par suite des relations continuelles que toutes les classes ont besoin de conserver entre elles.

Toutes ces grandes disputes pour l'allégement ou l'augmentation de telle ou telle partie de l'impôt, m'ont toujours paru vaines, parce que j'ai sans cesse pensé que le maintien du prix de la journée de l'artisan était l'unique chose à laquelle il importait de donner toute attention pour arriver à la conservation de l'ordre social et à la félicité.

Les impôts, demandés aux peuples pour exécuter des travaux publics, peuvent se comparer aux grains que nous confions à la terre , et qui nous rendent cinquante pour un.

Le cultivateur dont les récoltes en blé ont manqué , dira-t-il : recourons à l'économie, semons moitié moins, car nous sommes pauvres ? Non ;

son intérêt peut lui permettre de suspendre la culture de quelques productions accessoires, mais lui commande de couvrir la plus grande quantité de terres en blés. Donc de dépenser justement davantage qu'en toute
autre année, par la raison même qu'il est pauvre.

Ainsi doit agir tout gouvernement dans les momens de misères publi-
ques, autrement il se verrait courir à sa ruine.

LA SCIENCE

DES

GOUVERNEMENS,

DÉDIÉE

A MESSIEURS LES DÉPUTÉS

DE LA NATION FRANÇAISE.

SECONDE PARTIE.

De quelques réformes nécessaires.

Des travaux publics peuvent procurer le rétablissement d'un prix équitable de la journée de travail, avons-nous reconnu; oui, mais tous moyens de les ouvrir ne peuvent pas être également bons. Des adjudications *au rabais* ou par *soumissions cachetées,* ne peuvent convenir d'après nos principes; car comment tels entrepreneurs peuvent-ils espérer d'obtenir ces travaux, si ce n'est en soumettant à assez bas prix pour écarter leurs concurrens. Mais encore, faut-il qu'ils arrivent à bien découvrir l'exact montant des dépenses, et comment y parviendront-ils si ce n'est en se réglant sur le prix de la main-d'œuvre du moment? Or, comme la détermination de l'ouverture des travaux est le besoin d'en procurer l'élévation, il faudra que l'entrepreneur se ruine, ou bien il faudra que le gouvernement renonce à ses vues principales.

Entre des particuliers et des entrepreneurs, ces moyens d'adjudication au rabais ne présentent pas les mêmes inconvéniens, par ce que l'étendue des entreprises pour le particulier n'ayant que peu d'importance , la base des calculs des entrepreneurs reste constante ; du moins ces changemens, s'il en arrive , ne se rattachent pas dans chaque traité au développement même de la chose comme dans les entreprises du gouvernement, qui, sur un grand nombre de points en même-temps, se font dans le but même d'amener ce changement, l'élévation du salaire. D'un autre côté, l'avantage d'une concurrence entre quelques entrepreneurs, n'est pas contre l'équité dans des marchés où l'acheteur n'a aucune des connaissances nécessaires pour se défendre du prix. Que le prix raisonnable à fixer ressorte d'une concurrence, c'est un véritable bien-être dans ces cas particuliers; mais peut-il se voir, suivant la justice, que des entrepreneurs viennent au contraire fixer le prix des grandes entreprises avec un gouvernement qui sait mieux qu'aucun d'eux la valeur de la chose? Non. On peut donc entrevoir , sous cette considération particulière , ces marchés par adjudication au rabais ou par soumisions cachetées offerts par un gouvernement comme des pièges tendus à l'ignorance. En effet , souvent il se rencontre que les entrepreneurs se ruinent avec le gouvernement, et jamais il ne se voit que le gouvernement aurait trop payé. En tout genre de savoir pour apprécier des travaux, un gouvernement est l'être qui possède le plus de données , et parce que ses travaux sont les plus étendus , les plus multipliés, et parce qu'il a les temps passés et les temps présens pour régler les temps à venir, puisqu'un gouvernement ne *naît pas* , ne *vieillit pas* et ne *meurt pas*, comme le simple particulier , dont les connaissances ne naissent qu'avec les occasions et se perdent presque immédiatement après leur arrivée comme lui, vu comparativement à la durée des nations. *Peut-il être dans la conduite d'un gouvernement de recueillir des profits de l'erreur , lorsque ce gouvere- ment n'a d'autre devoir et ne peut avoir d'autre désir et d'autre nécessité que le ménagement des intérêts de tous.*

Si , après les marchés passés de ces grands travaux, la *main-d'œuvre hausse* , conformément au but proposé, et que cette circonstance *fasse faillir* l'entrepreneur, tout ce qui l'aura entouré retombe dans la misère , et l'augmentation, ce bienfait des travaux n'aura plus été profitable à tous ; si, au contraire, l'élévation du salaire n'a pas eu lieu, le gouvernement n'aura pas atteint son but ; la nation alors aura inutilement déboursé le montant de ces grandes entreprises, car ce qui sera arrivé sur un point par le vice du système des adjudications au rabais aura dû se remarquer également partout ailleurs. Par des adjudications au rabais on découvre sans doute le prix le plus bas ; mais aussi on rencontre dans ce prix le plus bas un frein puissant dans les mains des entrepreneurs, qui les empêche de traiter avec la libéralité qu'il aurait été dans leur caractère de montrer pour arriver plus promptement au terme de leurs opérations : ce qui est justement agir en opposition avec les intérêts des ouvriers.

Jamais travaux du gouvernement ne doivent être mis à prix que par le gouvernement lui-même, et sur des bases raisonnées telles que, suivant les localités, tous les êtres qui viendront prendre part à leur exécution, puissent, du prix de leurs peines, obtenir les choses qui doivent constituer leurs besoins. Les seules conditions à remplir devront toujours être la bonne exécution, la bonne qualité ; alors, à un mérite justifié par des preuves antérieures pourra s'accorder la préférence. Mais un gouvernement qui reconnaît le besoin de soutenir l'élévation du salaire, doit, en outre, diviser à un plus grand nombre possible d'entrepreneurs ses travaux, quels qu'ils soient, afin de se mettre en quelque sorte comme en concurrence avec lui-même pour appeler les ouvriers, et ne confier à un seul que toutes les fois que, pendant des travaux d'urgence pour lui, le commerce ne souffrira pas de la trop grande rapidité de la production.

Le gouvernement qui aura ses prix établis pour tous genres de travaux ne souffrira pas de cette impolitique d'accueillir des entrepreneurs en nombre ; car la concurrence ne sera que pour eux, et entre eux n'aura d'autres effets que d'éviter que des profits demeurent à eux seuls au préjudice des ouvriers mêmes qu'on a eu en vue de sortir d'une misère de temps passagers ; car pour les entrepreneurs, on n'accordera qu'à ceux qui solliciteront sans doute ; s'il ne s'en présentait pas, la preuve serait faite que les profits pour eux seraient nuls, ou, ce qui est la même chose, que la main-d'œuvre du lieu n'est pas avilie autant qu'on aurait pu le reconnaître ailleurs. Si, au contraire, l'empressement était prononcé, cela confirmerait alors la réalité des plaintes du désœuvrement de la classe des journaliers. Peut-on une marche plus commode pour juger le véritable besoin, et pour diriger avec sagesse les moyens de secours?

Toujours les gouvernemens ont su reconnaître qu'étendre la consommation des produits, est s'ouvrir une véritable source de richesses. Delà plusieurs ont pensé qu'on devait même acheter, à quelque prix que ce fût, l'avantage du débouché de leurs marchandises dans des contrées lointaines; et pour agir donc suivant ces principes, ils ont imaginé d'accorder des *primes aux négocians qui exporteraient*. L'importance de ces primes, suivant la nature des objets, a été élevée en France jusqu'à 20, 25 et 30 pour 100 de la valeur.

Je demanderai comment de telles libéralités peuvent s'entendre utiles? On répondra : Mais cela *occupe d'autant plus nos ouvriers*. Oui, cela les occupe; mais si l'on eût fait des travaux publics avec le montant de ces primes, cela les *aurait également occupés d'autant*.

Ces deux modes sont-ils donc à adopter indifféremment? Non, dirai-je, car les travaux publics qui se font sur notre sol demeurent utiles à la nation, tandis que les primes déboursées sont à toujours perdues pour la nation, bien même qu'elles soient délivrées à des Français qui les retiennent dans leurs coffres. Je les dis perdues, et voici comment je l'expliquerai. Tous les négocians n'ont qu'une manière de se gouverner; si l'on achète 100 sols un article, c'est pour le vendre quelque chose de plus qu'il a coûté; soit donc qu'on puisse espérer 10 pour 100 de profit : ce sera 110 sols qu'on demandera de cet article. Mais faisons cette réflexion, que si nous croyons devoir nous borner à 10 sols pour 100, c'est que, sans doute, nous sommes maîtrisés par quelques considérations extérieures de notre volonté; car il nous plairait bien de prendre plus, s'il était possible. Oui, Messieurs; et la raison de ne pas le faire, est cette crainte que, nous avisant de prendre un trop gros gain, nos confrères n'aient la préférence sur nous, et que nous ne nous voyons délaissés. Un gros bénéfice sans doute eut été une fort belle chose, mais une vente répétée, à petit bénéfice, est préférable à une seule affaire, qui de suite repousse loin de nous la pratique. Si j'étais le seul à qui le gouvernement accordât la faveur des primes, je ne me réglerais que sur ce que peuvent faire les fabricans étrangers dont j'irais me rendre le concurrent, et s'ils ne pouvaient pas vendre à meilleur marché que moi, je soutiendrais le prix de mes articles, et la prime serait pour moi tout-à-fait un accroissement de bénéfice. Mais ce n'est pas ainsi que se passent les choses, car le gouvernement *accorde à cent autres, à mille, à dix mille autres, et plus de mes confrères, la même faveur de la prime.* Ce n'est donc plus dans les seuls fabriquans étrangers, mais bien dans tous mes confrères que je verrai de véritables raisons de craindre une concurrence. Or, je calcule de la sorte : si j'achète 100 sous un article et que le gouvernement m'accorde 30 sous de prime à sa sortie, il ne me revient plus net qu'à 70 sous, j'ajoute mon bénéfice de 10 sous, et je donne à 4 fr. au consommateur étranger ce que je fais payer 110 sous au consommateur national. Me dira-t-on, mais vous êtes un sot de lui avoir fait présent de la prime; c'était à vous seul que le gouvernement voulait qu'elle profitât? J'en conviens, Messieurs ; je lui en ai mille obligations, mais je dois l'abandonner cette prime ; car, si je n'en agis pas de la sorte, mes 9,999 confrères pourront le faire, et je ne vendrai pas.

C'est ainsi, Messieurs, que je soutiens que ces primes accordées à l'exportation, pour augmenter nos débouchés, tournent entièrement à l'avantage des étrangers et deviennent onéreuses à l'état.

Laissons agir pour les affaires à l'extérieur les seules raisons des convenances particulières, et celle surtout des besoins réciproques d'échange, et ne voyons toujours, pour le bien intérieur, que la ressource des travaux publics. Par les travaux publics, la splendeur nationale s'augmente à l'infinie, et devient comme un aimant qui attire les richesses du dehors, même jusqu'après la chute des empires ; puisqu'on court encore voir les ruines de ces immenses et magnifiques monumens des Grecs et des Romains.

Nous embrasserions, Messieurs, avec un même avantage quelques autres exemples encore de l'application de nos principes ; mais ne serait-ce pas vous fatiguer sans utilité ? car si mes réflexions vous paraissent avoir déjà été émises, je dois surtout éviter d'en trop développer les conséquences ; si, au contraire, vous les trouvez nous avoir conduit sur un champ neuf, je dois savoir qu'il ne manquera pas de ces hommes les plus capables d'en démontrer les ressources.

9 782011 619235